…RES SINCÈRES

PAR

CHRISTIAN DEFRANCE

MULHOUSE
IBRAIRIE GANGLOFF
PLACE DE LA PAIX

1893

LETTRES SINCÈRES

DU MÊME AUTEUR

CROQUIS HONNÊTES

Un joli volume in-32

Prix br. : 1 fr.

(Reliures diverses.)

LETTRES SINCÈRES

PAR

CHRISTIAN DEFRANCE

MULHOUSE
LIBRAIRIE GANGLOFF
PLACE DE LA PAIX

1893

Si ce tout petit livre en valait la peine, je le dédierais à mes frères, les catholiques de France.

Je leur dirais de ne point se laisser abattre par les incertitudes et les angoisses de l'heure présente, mais de lutter, plus énergiquement que jamais, sur tous les champs de bataille où Dieu les appelle;

Je leur souhaiterais de garder ou de reprendre le premier rang dans la Science et dans l'Histoire, dans la Poésie et dans l'Art, dans la très noble étude de la question sociale;

Mais surtout dans l'amour des deshérités de ce monde, des petits et des faibles,

Et dans la charité pour tous.

C. D.

I

A un Catholique « moderne ».

LETTRES SINCÈRES

I

A un Catholique « moderne ».

« Au loup, au loup, il faut crier au loup » : tel a été, ce matin, mon premier mot en achevant la lecture de votre lettre.

Elle m'a positivement exaspéré, cette lettre étrange, où la modération touche à la poltronnerie, et, n'étaient votre signature que je respecte et votre nom que j'aime, j'avoue que je l'aurais mise en mauvais point. Je me suis tenu.

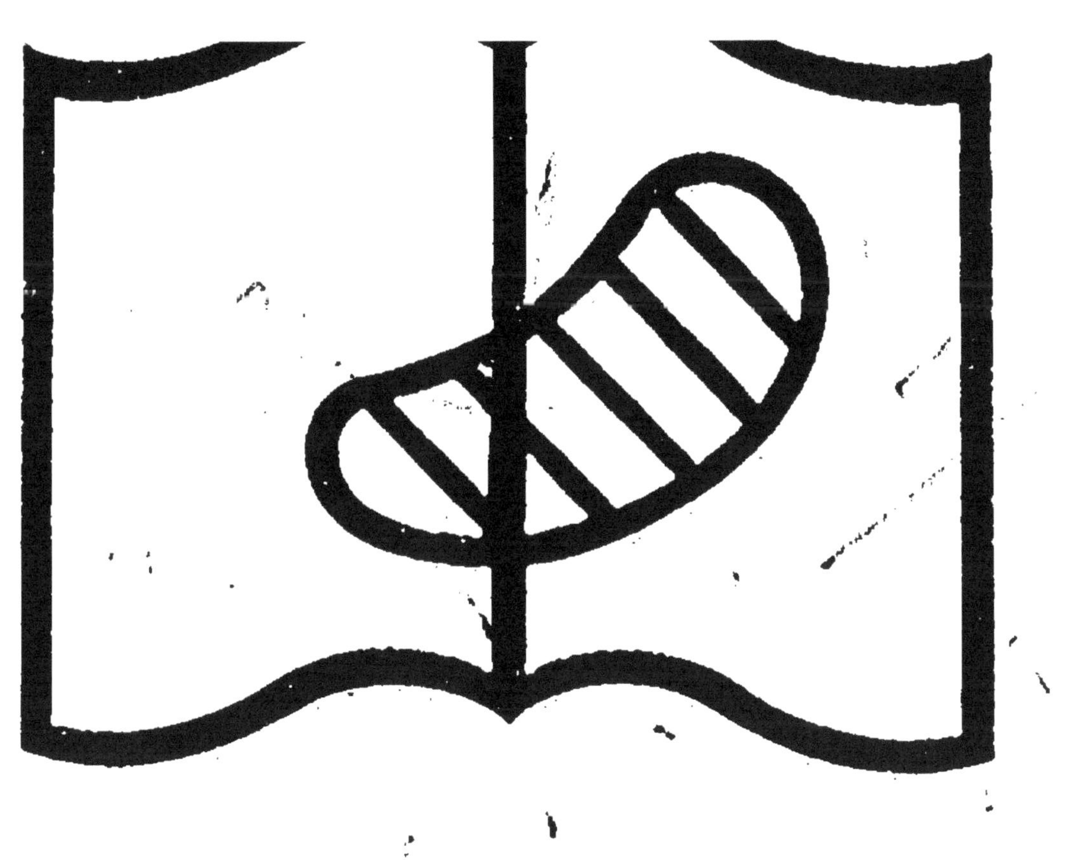

Vous avez bien voulu, d'ailleurs, en composer vous-même un petit résumé à mon usage et qui en donne vraiment toute la quintessence : « Les catholiques de notre « temps ne doivent reculer devant AU-« CUNE CONCESSION POSSIBLE. » Vous avez souligné ces derniers mots. Ils sont éloquents.

C'est là-dessus que je me suis emporté et que j'ai formé le projet de vous répondre pour « affranchir mon âme ». Vous voudrez bien, n'est-ce pas, excuser les libertés d'une indignation que vous avez vous-même provoquée : *Liberabo animam meam*.

Ce « concessionisme » à outrance est une des plaies de notre fin de siècle, et je ne sais où il nous mènera. Nos adversaires nous y invitent avec cette hypocrisie mielleuse qui est assurément une de leurs plus odieuses manœuvres contre la Vérité. L'un d'eux, et qui n'est pas le moins illustre, mettait naguère l'Église en demeure de faire enfin « cette grande concession que ses véritables amis lui réclament de toutes parts »: Il ne s'agissait, je crois, que de la divinité de Jésus-Christ. Un autre, plus célèbre encore, nous suppliait, en termes doux, de renoncer au culte de la Vierge. Comme vous le voyez, c'est aussi séduisant que modéré.

Après tout, ce sont là des ennemis, et il ne faut pas s'étonner à l'excès des habiletés ou des audaces d'une tactique qui est évidemment dirigée contre nous. Ces politiques malins ne sont pas chargés du soin de notre honneur. C'est à nous d'y veiller.

Mais que des catholiques, que des fils de la lumière, dans la plénitude radieuse de leur foi, acceptent avec joie et aillent même jusqu'à proposer à leurs pires adversaires des concessions indignes de leur baptême, indignes de leur *Credo,* indignes de l'Église, c'est là, je l'avoue, ce qui m'épouvante et me révolte jusqu'au plus intime de mon âme, et c'est contre quoi je ne me lasserai jamais de protester.

Tel est cependant le spectacle auquel nous avons la douleur d'assister tous les jours. Il se fonde en ce moment plus d'une libre école où le « concessionisme » est élevé à la hauteur d'un principe. C'est surtout l'Apologétique qui a le don d'irriter ces esprits pondérés et sages dont vous avez pris l'allure et adopté la doctrine : « Votre apologétique, nous disent-ils, n'est rien moins qu'une insulte à la Vérité. Le catholique doit se contenter d'enregistrer les faits, sans s'arroger ainsi la mission de répondre aux attaques et aux mensonges des ennemis du Christ et de l'Église. » Voilà, en vérité, un singulier langage, et je ne puis parvenir à comprendre — quand tout accusé a ici-bas le droit de se défendre — pourquoi l'Église, la sainte Église de Dieu, serait seule exclue d'un droit aussi sacré. Sans doute, il faut que les avocats de l'Église soient compétents, instruits, modérés, loyaux, et même il importe de nous montrer à leur égard d'une très rigoureuse et nécessaire sévérité. Mais leur ôter la parole, c'est trop.

Rien n'égale les libertés que nos concessionnistes se permettent avec les plus augustes objets de notre foi. Il faut voir avec quelle désinvolture ils traitent la Bible. L'un d'eux, fort sincère, me disait l'autre jour avec un air bonhomme : « On n'est pas forcé, n'est-ce pas, de croire au prologue de la Genèse, au récit du premier péché, à l'aventure du serpent et de la pomme? » Un autre ajoutait d'un ton doctoral et en branlant la tête : « L'Assyriologie a tué Moïse. » Un peu plus, et le cher homme aurait dit « ce pauvre Moïse ». Un système commode et dont on a poussé les conséquences jusqu'au scandale, c'est le symbolisme. Dès qu'un fait semble gênant dans l'Ancien ou dans le Nouveau Testament : « C'est un symbole », s'écrie-t-on, et l'on ne se dit pas qu'un tel procédé est absolument factice, un peu lâche et nettement déloyal. Mais on va plus loin, et l'on est arrivé (des catholiques !) à faire une petite sélection parmi les livres sacrés. On élimine gentiment tous ceux qui déplaisent. J'ai entendu, de mes oreilles, un charmant garçon me dire avec une moue railleuse : « Moi, je n'admets pas le *Cantique des cantiques*. C'est trop amoureux pour moi. » Un autre (professeur celui-là et quelque peu pédant) ne consent à voir dans *Tobie*, *Judith* et *Esther*, que de très agréables petits romans : « Comme qui dirait *Fabiola* », ajoute-t-il finement. C'est à qui portera la faucille dans le champ de la Bible ; c'est à qui fauchera le plus de livres, de chapitres ou de versets ; c'est à qui dira : « J'accepte ceci, mais je ne veux pas de cela. » Et ce sont des catholiques !!

Avec le dogme, mêmes privautés. On élimine, on tranche, on rogue à plaisir.

« Oh ! d'abord, ne me parlez pas de Diable », me disait en minaudant une vieille dame qui revenait de la messe, et que son mari approuvait du geste et de la voix. Leur fils, qui se pique de théologie, voulut bien prendre part au débat, et, de fil en aiguille, on en vint à parler de cette résurrection du Christ que saint Paul a mise en une si éclatante lumière doctrinale : « Ce n'est qu'un dogme secondaire, observa le bachelier d'un ton tranchant et rogue, et je m'étonne qu'on ait imaginé d'y chercher une preuve du christianisme. » Textuel.

Vous pouvez juger par là si l'on se gêne avec la vie des Saints, et vous donnez ici l'exemple d'une curieuse indépendance : « Non, non, vous ne me forcerez jamais à prier *saint Labre.* » Il y a des saints, comme il y a des dogmes, qui ont cessé de plaire, et dont on se débarrasse avec aisance. On fait un choix, même parmi les saints dont la critique la plus sévère a éclairé la vie, attesté la grandeur, prouvé les miracles. Les miracles ! on va jusqu'à les récuser en bloc, à l'exception de ceux du Christ, et, ce même principe de la sélection à outrance, on l'applique aux Ordres religieux. Vous avez été, l'autre année, fort gravement malade et soigné à merveille par une Sœur de Bon-Secours : « Voilà, voilà les Ordres que je comprends, me répétez-vous volontiers. Mais les Ordres contemplatifs, mais les Carmélites, mais les Clarisses, peuh ! » Seulement, quand vous savourez, à la fin d'un lourd et bon repas, votre petit verre de trappistine ou de chartreuse, vous daignez, avec un sourire, faire une exception notable en faveur des « Ordres distillateurs ». C'est beau.

La philosophie autorise toutes les audaces, et je ne m'étonne point que vous vous en donniez ici à cœur joie. N'est-ce pas vous qui affirmiez l'autre jour qu'il n'existe pas en réalité une preuve, une seule preuve « acceptable » de l'existence de Dieu? N'est-ce pas vous encore qui ajoutiez, en citant Lamartine, que c'est le « sentiment », le seul « sentiment » qui vous fait croire en ce grand Dieu qui nous a créés et nous conduit? N'est-ce pas vous enfin qui, sans être grand clerc en une matière aussi abstruse, parliez naguère de ressusciter le criticisme de Kant et de l'opposer, dans les chaires catholiques, à l'incomparable sûreté des doctrines thomistes? Mais jusqu'où n'allez-vous pas, et n'est-il pas vrai que vous aimez à vous pavaner dans nos salons scientifiques, en redisant tout haut cette profession de foi qui peut à tout le moins paraître singulière : « Je suis catholique et darwiniste? » Darwiniste et catholique! Je veux bien admettre qu'au dire de quelques juges indulgents, une conciliation ne serait pas impossible entre le Darwinisme et la *Genèse;* mais enfin, mon ami, y avez-vous sérieusement et longuement réfléchi? N'estimez-vous pas qu'entre le récit mosaïque des origines de l'homme et la théorie de l'évolution, il y aura toujours je ne sais quel abîme difficile à combler? Étant admis le principe indéniable de l'unité de composition, ne croyez-vous pas qu'entre le plus perfectionné et le plus « hominal » de tous les singes, d'une part, et, de l'autre, la très noble et très auguste créature humaine, il y a cette différence essentielle, immense, incommensurable : la parole?

Non, non, mille et mille fois non, il faut opter, et si l'on a l'honneur insigne d'être chrétien, préférer ici les clartés chrétiennes aux nébulosités préhistoriques, comme aux hypothèses darwiniennes. L'homme, créature superbe, est sorti, sans transition, sans ancêtre et à l'état parfait, des mains créatrices de Dieu vivant. Il en est sorti, éblouissant de beauté, roi du monde, ayant avec son grand Dieu des conversations journalières et recevant de lui le trésor lumineux de ces traditions primitives qui devaient se répandre dans l'ancien monde et constituer le meilleur élément de la vie de l'humanité. Cet Adam magnifique, notre Adam, est-ce que vous oseriez le comparer, dans son origine sacrée, avec le plus parfait de vos anthropoïdes et de vos chimpanzés? Répondez.

Dès qu'on entre dans la voie des concessions, dans cette voie détestable et mortelle, on ne s'arrête plus, on ne saurait plus s'arrêter, et un concessionniste, tel que vous, entend tous les jours une voix qui le pousse en avant et lui crie : « Marche, marche. » C'est ce qui fait que, dans l'étude de l'histoire, vous apportez, en somme, le même esprit que dans celle de la philosophie ou du dogme. S'agit-il des annales de l'Église? Vous vous donnez pour but de mettre surtout en relief les scandales et les abus, les vilenies et les crimes qui, par un effet de notre misérable nature, ont si tristement contaminé l'histoire de la société chrétienne. Vous aimez les taches du soleil plus que le soleil lui-même, et l'on vous entend dire, quand vous venez de raconter, avec une volupté mal dissimulée, quelque méchante action d'un évêque ou d'un prêtre : « Il faut faire encore cette concession aux ennemis de l'Église, et les étonner par notre loyauté. » Vous êtes à la piste des scandales ecclésiastiques, comme un chien de chasse à la piste du gibier. Au reste, vous n'êtes pas moins friand des scandales de la vieille société française, et espérez, en les révélant, convertir enfin les vieux Micheletistes et les Jacobins retardataires. En poésie et en art, même complaisance aveugle. Ces horribles petites

Madones réalistes qu'on a osé, récemment, faire passer sous l'indignation des regards chrétiens, ces juivottes, ces bédouines, que l'on prétend nous faire accepter pour la mère auguste de notre Dieu et la corédemptrice du genre humain, vous les admirez, vous les aimez, et, dans le dernier Salon, je vous ai vu passer une heure, une grande heure, devant la Vierge matérialiste et athée de M. D***. Enfin, — et c'est le comble, — vous venez de vous faire décadiste par esprit de conciliation, et c'est pour « ramener ces jeunes gens » que vous avez consenti à insérer un sonnet dans la *Revue stellaire* dont le programme est bien connu : « Pas d'idées : des mots. » Votre sonnet réalisait le programme.

Eh bien! il faut en finir, et si j'osais

emprunter ici le langage un peu débraillé de certains rédacteurs de la *Revue stellaire*, je vous dirais, de toutes les forces de ma voix, de mon esprit et de mon cœur : « Assez, assez de concessions comme ça ! »

Un illustre orateur de l'extrême-gauche disait l'autre jour que la Révolution formait un « bloc » qu'il fallait accepter sans fragmentation, sans amoindrissement, dans sa redoutable et complète intégrité.

J'en dirai autant de la Doctrine catholique. Elle aussi, elle est un bloc;

Un bloc indestructible, immortel, divin, et qu'il n'est permis à personne de profaner en l'émiettant.

L'Église, qui nous fait un devoir d'être avec tous nos adversaires d'une miséricorde sans limites, et qui nous crie sans cesse : *Interficite errores, diligite homines,* l'Église nous laisse très maternellement une admirable et précieuse indépendance dans l'étude de ces cent milliers de questions libres qu'elle abandonne aux discussions des hommes : *In dubiis libertas.*

Il faut, toutefois, se hâter d'ajouter : *In necessariis unitas.*

Là, pas de concessions, pas d'atermoiements, pas de trêve avec l'ennemi, pas de tonalités grises, pas de centre gauche. Mais une affirmation vigoureuse et militante, loyale et rude, lumineuse et chaude.

C'est cette affirmation que j'attends de vous.

II

A un « pressé ».

II

A un « pressé ».

Je vous savais un homme sérieux, mon ami, et, dès l'âge de quinze ans, vous m'effrayiez en effet par votre entente précoce des choses de la vie. Il y avait sur votre front adolescent je ne sais quelles rides anticipées ; vous étiez réfléchi, mûr, vieux. Et je me souviens encore de la gravité comique avec laquelle vous nous répétiez sans cesse, d'une voix jeune et flûtée : « Je veux arriver, j'arriverai. »

Je vous savais un homme sérieux, mon ami ; mais je ne vous savais pas un homme si pressé.

Vous venez à peine d'atteindre votre

vingt-cinquième année, et, déjà, vous pensez à votre retraite. Il est arrêté, décidé, conclu que vous la prendrez à quarante ans. Après quoi, vous vous reposerez, durant trente ou quarante ans, de vos quinze ou vingt années de travail. Et, comme tout revêt chez vous une forme mathématique, vous avez la bonté de me soumettre le petit tableau suivant, qui est exquis en son genre et où vous avez ingénieusement supputé toutes les chances, toutes les probabilités de votre cher avenir :

AGE	SITUATION administrative	TRAITEMENT
28 ans.	Sous-chef de section	5,000 francs.
32 ans.	Chef.	8,000 —
36 ans.	Sous-directeur. . .	12,000 —
39 ans.	Directeur.	20,000 —

Puis, au-dessous de ce tableau qui est déjà assez éloquent en lui-même, vous avez moulé, en belles lettres gothiques, ces mots magiques où se résument toutes vos ambitions et toutes vos espérances : « A quarante ans, repos. » Et, en plus petits caractères, suivi de trois points d'interrogation, cet autre mot : « Mariage??? »

Bref, vous êtes un « pressé, » mon ami, et, en cette triste fin de siècle, on ne rencontre partout que des pressés.

Nos pères estimaient qu'on n'a droit au repos qu'à soixante ou soixante-dix ans, au plus tôt; mais il est évident que ces bonnes gens radotaient un peu et n'avaient pas l'esprit moderne. « Repos, gloire, argent, » il nous faut tout cela à nous autres ; mais il nous le faut sur-le-champ, demain, tantôt, ce soir, dans une heure. Nous sommes pressés.

Pressé, il est pressé, ce jeune écrivain qui aborde à trente ans les plus redoutables problèmes de la philosophie, de l'économie sociale ou de l'histoire. Cette année, il a fait paraître une *Histoire universelle de la Morale.* Deux volumes seulement; mais quels volumes! Substantiels, profonds, énormes! Il annonce pour l'an prochain la premier tome d'une œuvre encore plus considérable : *les Civilisations comparées*, qui n'aura pas moins de dix volumes. Cependant il a six articles qui attendent leur tour à la *Revue;* il professe un cours à l'École des sciences religieuses et un autre à l'École d'anthropologie. Il est pâle, hâve, ennuyé, ennuyeux, mourant, presque mort : mais, que voulez-vous, il veut être de l'Institut à quarante ans.

Pressé, il est pressé, ce marchand qui passe seize heures par jour sur sa correspondance et son grand livre, et dont les infortunés commis peinent jusqu'à minuit : « Dans cinq ans, j'aurai trois cent mille francs et achèterai une maison à Ville-d'Avray, près de celle de Gambetta. »

Pressé, il est pressé, ce brave bourgeois qui, lui, n'est arrivé à rien, mais qui veut que son fils arrive vite, vite, plus vite encore. Le garçon n'a que quinze ans ; mais, avec une dispense, on le fait recevoir bachelier. A seize ans, il a deux diplômes ; à dix-sept ans, trois, et cinq à vingt ans. Mais, hélas ! sur les bancs de l'école où ce pauvre éphèbe raté s'est assis durant trois années, il n'a rien approfondi, rien compris, rien vu. Sa pauvre cervelle, en voie de formation, est vieille avant d'avoir connu la jeunesse. Il est ratatiné, il est infécond, il est usé; mais, parmi tous nos docteurs et nos agrégés, il est certainement le plus jeune. Il est arrivé.

Pressée, elle est pressée, cette pauvre jeune fille qui, à quatorze ans, sans avoir l'excuse de la pauvreté, est déjà, dans son couvent, la plus « surmenée » de la grande classe. Sa mère désire qu'elle ait tous ses diplômes avant de se marier. Elle s'apprête à les avoir, elle les aura, elle les a. De tant de sciences accumulées, elle ne possède que la surface et, pour ainsi parler, la lettre morte; mais enfin, les prétendants peuvent venir : ils trouveront devant eux une fillette maigre, pâle et quelque peu voûtée, mais qui, juste ciel, est bardée de sept diplômes à vingt ans !

Pressée, elle est pressée, cette autre petite qui aspire à devenir peintre, mais qui ne veut pas commencer par le dessin : « Qu'on me mette à la couleur, qu'on me mette à la couleur ! » On la met à la couleur, et elle expose tous les ans, dans l'atelier de son maître, le même tableau, toujours le même, mais savamment composé : « Deux œufs sur le plat près d'un pot de chrysanthèmes. »

Pressé, il est pressé, ce jeune ménage qui, d'assez médiocre origine et d'assez petite fortune, fait largement l'achat de son mobilier nouveau. La mère de la jeune femme ne s'est jadis donné un meuble de salon qu'après quelques dix années de mariage ; mais les temps ont changé, et c'est immédiatement, c'est aujourd'hui qu'il faut se payer toutes les élégances, toutes les délicatesses, toutes les chertés d'un véritable luxe. En avant donc, en avant chez les premiers tapissiers, chez les ébénistes en renom, mais surtout chez ces antiquaires que nous appelions plus modestement des marchands de bric-à-brac ! « Notre salon sera Louis XIV ; notre chambre à coucher, Louis XV ; notre salle à manger, Henri II. » Et patati et patata. Note à payer : « Vingt mille francs. » Or, le mari a vingt-sept ans, et la femme dix-huit. Que leur reste-t-il à désirer demain ?

Pressés, ils sont pressés, ces beaux messieurs qui ne savent rien, n'ont rien appris et ne veulent rien apprendre, mais qui méprisent les aïeux, les traitent cavalièrement et leur reprochent leur allure de tortues. Ce qu'ils feront? c'est bien simple. Ils feront de la politique : ils seronts députés à trente ans et sénateurs à quarante...

Voilà pourtant, mon pauvre ami, voilà vos compagnons de route, voilà les « pressés » de l'heure actuelle. Ne vous font-ils pas horreur ou pitié? Et ne préférerez-vous pas suivre l'exemple de votre excellent père, qui travaillait encore la veille de sa mort, à quatre-vingts ans, et de votre sainte mère, qui n'a jamais voulu changer les vieux meubles de sa première année de mariage : « Ils me rappellent, disait-elle, de trop profonds et de trop chers souvenirs! »

Allons, mon ami, un bon mouvement. Disposez autrement les étapes de votre vie. Aimez assez le travail pour en faire l'honneur et la joie d'une longue, d'une très longue partie de votre existence mieux comprise et décidément ennoblie. Travaillez mûrement à des œuvres réfléchies et solides. Résignez-vous à n'être un peu moins pauvre que dix ans avant votre mort. Déchirez l'affreux petit tableau d'avancement que vous m'avez envoyé l'autre jour, et effacez-y surtout ces trois points d'interrogation, ces horribles points que vous avez placés après le mot « mariage. »

Méprisez enfin, méprisez tous ces pressés qui ne sont en réalité que des « étiolés, » et ne soyez pressé, vous, que de croire au Vrai, d'aimer le Beau, de faire le Bien.

III

A M. D***, rentier, à Paris.

III

A M. D***, rentier, à Paris.

Vous n'êtes pas janséniste, et je vous en félicite sincèrement. Je me persuade que je le suis encore moins que vous, et j'ai même la vanité de me considérer comme le plus « antijanséniste » de tous les hommes, présents, passés et à venir.

Je l'ai toujours détestée du plus profond de mon être, cette hérésie cauteleuse, subtile, étroite, qui n'ouvrait les portes du ciel qu'à de rares prédestinés, qui raccourcissait les bras du Crucifié pour l'empêcher d'étreindre le monde tout entier, et qui s'étudiait à canaliser en de petites rigoles le fleuve immense, le fleuve débordant de la Grâce.

Je les ai toujours eus en horreur, ces esprits désolants, ces âmes sèches, ces demi-protestants qui considéraient comme un fléau la communion fréquente et qui exultaient, qui pleuraient de joie lorsqu'ils découvraient, en furetant dans l'histoire, que saint Louis ne communiait que six fois par an.

Je ne saurais les aimer, ces révoltés contre l'Église, qui sont si souvent devenus des révolutionnaires fanatiques; je ne saurais les aimer, ces puritains qui ont trouvé le secret de rendre à la fois la vérité désagréable et la vertu ennuyeuse.

Non, vous ne pouvez les condamner plus sévèrement que je ne le fais, et vous ne pouvez aimer plus vivement la joie, la bonne et vraie joie chrétienne. *Gaudete in Domino* : c'est ma devise, mon cri d'armes, l'abrégé et l'essence de toute mon âme. Voilà, je me l'imagine, une profession de foi qui n'est pas faite pour vous déplaire et qui m'autorise, n'est-il pas vrai, à vous parler franc et net. Je n'y manquerai point.

Il est incontestable que le jansénisme a rendu le christianisme triste et qu'il a, par là, singulièrement contribué à l'horrible triomphe du rire de Voltaire. Quand on sort des Catacombes, on s'écrie volontiers : « Comme cette religion est joyeuse ! » Mais, quand on achève la lecture d'un livre janséniste, on est tenté de jeter cet autre cri, sorti du cœur : « Quel ennui ! » Et, en effet, tous ces gens-là sont ennuyeux, effroyablement ennuyeux, et leur religion est morose, lugubre, irrespirable. On n'y vit pas : on y étouffe.

Telle est la vérité, qui éclate dans le plein soleil de l'histoire. Mais il ne faudrait pas aller plus loin, et, surtout, il ne faudrait pas oublier que le christianisme est UNE ÉCOLE DE MORTIFICATION ET DE PÉNITENCE. C'est là son caractère et son style, sa nature et son but. Aveugle qui ne le voit pas !

Si les vrais chrétiens, si les saints sont joyeux, c'est après s'être mortifiés, et de s'être mortifiés.

L'Évangile n'est, pour ainsi parler, que le Code même de la mortification et de la pénitence, et voilà pourquoi les catholiques et les socialistes ne pourront jamais s'entendre définitivement. Le Christ dit : « Souffrez », et le socialisme : « Jouissez ». Ce sont les antipodes.

Vous le savez aussi bien que moi, et

je vous ai entendu professer à ce sujet les plus sages, les plus chrétiennes théories. Je me souviens encore de votre belle conférence, au Cercle catholique, sur la Souffrance et le Sacrifice. Vous n'avez jamais été plus éloquent.

Mais il y a loin, hélas! de la coupe aux lèvres, et de la théorie à la pratique. Vous en êtes un exemple frappant.

De peur d'être janséniste, de peur de tomber dans les morosités et dans les tristesses qu'on a si justement reprochées à Saint-Cyran, aux Arnault et à toute la secte; de peur enfin de n'être pas suffisamment orthodoxe, vous vous êtes (c'est très malin) jeté dans toutes les joies « permises » et dans tous les plaisirs « licites ». Ce n'est peut-être pas très évangélique, mais c'est commode.

De peur d'être janséniste, vous allez une ou deux fois par semaine au théâtre (depuis la Comédie Française jusqu'aux Bouffes inclusivement et même un peu plus bas). Et si, par hasard, quelque bourru comme moi se permet de vous faire observer qu'une telle fréquentation tombe sous les foudroyants anathèmes des Pères contre les spectacles, vous répondez avec un bel air d'indignation pieuse : « Que voulez-vous? je ne suis pas janséniste. »

De peur d'être janséniste, vous faites jouer chez vous la comédie de salon en robes un peu plus que décolletées. L'autre jour, on a joué chez vous du Feuillet; mais on y jouera du Musset la semaine prochaine et, l'an prochain, du Meilhac. Dans votre salon ainsi transformé et où pénètrent les artistes en renom, on jase, on rit, et même on commence à flirter quelque peu : « Oh ! moi, d'abord, je ne suis pas janséniste. »

De peur d'être janséniste, vous donnez chaque quinzaine de bons dîners aux truffes et « à cinq verres ». Vos vins sont presque célèbres, surtout certain « Château-je-ne-sais-quoi », qui vaut huit cents francs la pièce. Ils sont charmants, du reste, ces repas fins, et l'on va jusqu'à y discuter les problèmes les plus ardus. L'autre jour, après l'aspic de foie gras et avant la bombe Pompadour, vous avez dit d'un ton solennel et pénétrant : « La question sociale, Messieurs, il n'y a que la question sociale. Ah ! ce de Mun, quel homme ! » Et quand, le soir, votre vieille tante, la douairière, s'est permis de vous dire à l'oreille : « Pour un bon chrétien, mon ami, tu donnes un peu trop dans le luxe », vous avez répondu à la bonne dame : « C'est plus fort que moi, ma tante; je ne suis pas janséniste. »

De peur d'être janséniste, vous avez organisé chez vous un bon petit carême, peu gênant et qui ne rappelle en rien les austérités quadragésimales de votre excellent père et de votre admirable mère. Là-dessus, vous avez une façon exquise de vous écrier avec componction : « Mes pauvres parents, je crois qu'ils étaient un peu jansénistes... sans le savoir. » Vous auriez inventé le beau maigre, si l'on ne s'était pas avisé de l'inventer avant vous. Votre dernier menu était un chef-d'œuvre de simplicité orthodoxe : « Potage à la Cronstadt, truite saumonée, homard en bellevue, petits pois nouveaux, truffes au champagne, et tous les etc. qu'on peut supposer. » Mais il n'y avait que quatre verres, et ce verre en moins vous avait paru un hommage touchant à l'autorité de l'Église : « Je ne peux pas être, je ne serai jamais janséniste. »

De peur d'être janséniste, vous avez cru pouvoir renouveler l'an dernier le mobilier (charmant pourtant et plein de souvenirs) qui remontait à votre première année de mariage. Vous avez vendu ce « salon » qui vous rappelait de si aimables soirées, et jusqu'à ces belles gravures que nous aimions tant, jusqu'au *Saint François* de Murillo et à la *Dispute du Saint Sacrement* de Raphaël. Je dois reconnaître que vous n'avez pas vendu le portrait de votre chère femme à vingt ans ;

mais vous l'avez relégué dans une petite chambre obscure où sa douce lumière est éteinte. Au reste, vous êtes collectionneur, et vous vous attachez spécialement aux terres cuites de Tanagra : il y en a une qui ne vous a pas coûté, l'autre jour, moins de trois mille francs, et vous ne vous êtes pas dit combien de familles pauvres vous auriez pu faire vivre avec le prix de cette petite statuette de Vénus, très chère et peu vêtue. Vous avez maison de ville, maison de campagne, rendez-vous de chasse, pavillon à Vichy, hôtel à Trouville, etc., etc. Bref, toutes les aises, tous les plaisirs, tous les luxes : « Oh ! non, non, je ne suis pas janséniste ».

Voilà pourtant ce que vous dites, mon ami, et voilà aussi ce que vous faites. Vous n'êtes pas le seul, hélas! et il y a cent milliers de chrétiens qui disent et font comme vous.

Et nous sommes en train de nous fabriquer en ce moment un petit Christianisme au cold-cream et à l'eau de roses, qui ne ressemble en rien, je le jure, à la grande, à la rude, à la sainte doctrine du divin Crucifié, de l'Expiateur universel, et de cette Église qu'il a fondée avec son sang et qu'il réchauffe de son souffle.

Vous avez beau être membre honoraire du Cercle de votre paroisse, et commissaire à boutonnière fleurie du prochain Bal de charité au bénéfice des orphelins de votre quartier, vous êtes, mon pauvre ami, un chrétien « pour de rire » et, s'il faut dire ici toute ma pensée, un élément de décomposition religieuse. Vous décomposez, vous affadissez l'Évangile; vous en faites je ne sais quoi de sucré qui est horrible; vous changez en mélasse le sel de la terre.

Ne vous étonnez pas si les petits ne viennent pas à vous, si les ouvriers ne vous prennent pas au sérieux. Votre luxe les exaspère, et les aises de votre vie les scandalisent. Le père H..., qui a une soutane si rapiécée et un chapeau si ruiné, les convertit par centaines, parce que cette soutane et ce chapeau sont vraiment évangéliques et très beaux. Mais vous!!

Ah! mon ami, vous êtes honnête et bon, dans le vrai fond de votre âme.

Eh bien! ne craignez plus autant de passer pour janséniste,

Et, vive Dieu! soyez chrétien.

IV

A un boulevardier.

IV

A un boulevardier.

Ainsi, vous vous refusez nettement à venir pendre chez moi la crémaillère, et quand je vous demande, en vieil ami, la raison d'une aussi étrange rigueur, vous me répondez, non sans quelque aigreur : « Je ne vais pas dans la banlieue; mes principes s'y opposent. »

Peu s'en faut que vous ne me traitiez de transfuge, de déserteur, et pis encore.

Et tout cela, parce que j'habitais hier la rue Laffitte, et que je viens, ce matin, de m'installer rue de l'Odéon. C'est dur.

C'est dur, mais c'est une réponse à laquelle j'aurais dû m'attendre, et que m'auraient probablement faite les dix mille boulevardiers, environ, qui sont la gloire unique, l'ornement singulier et le prestige sans pareil de notre bonne ville de Paris, que Dieu garde !

Le « Catéchisme du boulevardier » n'a pas encore été imprimé ; mais il existe, mais il circule de main en main, mais il a une influence profonde et une incomparable autorité.

Or, parmi les demandes auxquelles ce petit livre se flatte de répondre, il y en a qui dominent toutes les autres et qui sont conçues en ces termes :

« D. Quel est le lieu du monde où l'on a le plus d'esprit, — d'élégance, — de belle humeur, — de courtoisie, — d'instruction générale et d'instruction spéciale, — de sens artistique et littéraire, — d'indépendance, — de « tolérance, » — de philosophie, — d'honneur, — de charme, etc., etc., etc.? »

Et la réponse est toujours, est invariablement la même :

« R. C'est, au centre de Paris, la région privilégiée qui s'étend depuis la Chaussée d'Antin jusqu'au carrefour Drouot. »

Pour qu'il n'y ait aucune méprise sur le sens rigoureux de cette réponse, le Catéchisme la complète par une autre, qui a le mérite d'être encore plus claire :

« D. Faut-il comprendre dans cette région les rues qui aboutissent au boulevard et les quartiers voisins?

« R. Non. C'est le SEUL boulevard qui est cette région privilégiée. »

Voilà qui ne laisse aucune prise au doute, et je m'explique maintenant pourquoi vous ne vous aventurez pas dans ces pays presque barbares que je me permets, hélas ! d'habiter loin de vous. *Barbarus hic ego sum quia non intelligor a te.*

Cependant, il faudrait s'entendre.

Je suis tout prêt à avouer, j'avoue que l'on fait, sur le boulevard, les plus diverses et les plus aimables rencontres : gens de bourse et de journal, d'argent et de théâtre ; acteurs au menton glabre, vaudevillistes affairés, chroniqueurs à la chasse des scandales, flâneurs charmants qui cherchent toujours des mots et en trouvent parfois ; puis, toute une foule bigarrée d'Anglais, d'Italiens, de Roumains ; puis, enfin, tous les *etc.* que vous pouvez imaginer.

J'avoue, mon ami, que tout ce monde est vivant, amusant, remuant, bruyant, voire un peu encombrant et quelquefois gênant. Mais que ce soit là TOUT Paris ; mais que ce soit le coin de la terre où se concentre tout ce que l'humanité a jamais offert de plus fin, de plus spirituel, de plus délicat ; mais que le boulevard, enfin, soit tout un monde, je le nie absolument. Et, de toutes les forces de mon entendement et de mon cœur, je proteste contre les prétentions du boulevardisme et le catéchisme du boulevardier.

J'ai dit le « boulevardisme » et, si le mot n'est pas encore accueilli dans les glossaires, tant pis pour les glossaires : car c'est un mot bien fait et qui se comprend bien. Il exprime à merveille, en sa très claire image, l'étrange vanité de tous ces hommes qui se cantonnent à dessein dans un coin de la ville et ne voient pas le reste de la cité ; dans un coin de l'humanité, et ne voient pas le reste du monde.

Il y a, en effet, plusieurs espèces de boulevardiers ; il y en a d'autres que ceux qui arpentent l'espace compris entre la rue Drouot et la chaussée d'Antin.

Il y a des boulevardiers en politique : ce sont ceux qui, de leurs yeux myopes, ne voient, dans l'univers entier, que leur étroite petite secte, et ignorent résolument tout ce qui ne porte pas leur cocarde.

Il y a des boulevardiers en histoire : ce sont ceux qui s'enferment égoïstement dans la prison de telle ou telle époque, dans la geôle de telle ou telle race, dans les ténèbres de tel ou tel système préhistorique, druidique, bouddhique, etc., etc., etc., et qui, de parti pris, n'ont jamais eu une vue d'ensemble sur les annales de toute l'humanité.

Il y a des boulevardiers en littérature et en art : ce sont ceux qui ne croient qu'à une certaine forme de l'Art immense, de l'Art infini, et dédaignent profondément toutes les autres; ceux encore qui ne connaissent de la peinture que les ateliers et de la littérature que les coteries.

Mais le vrai boulevardier, c'est encore celui du boulevard, et c'est à lui, c'est à vous que je m'attaque.

J'essayais de vous montrer tout à l'heure ce qu'on rencontre sur le boulevard; mais il importerait aussi de savoir ce qu'on n'y rencontre pas, et j'ai le devoir de vous le dire.

On y trouve l'amour-propre qui s'étale, mais non pas la modestie qui se voile; le luxe qui se donne carrière, mais non pas l'économie qui se contient; l'amour du bien-être, mais non pas la soif du sacrifice; le scepticisme élégant, mais non pas la foi sévère; la jalousie plutôt que la concorde, et l'éreintement plutôt que la justice; les superficies de l'âme plutôt que ses profondeurs; le bruit plutôt que l'action; les grimaces de l'amitié plutôt que l'amitié elle-même; la comédie plutôt que la réalité, et la vie fausse enfin, la vie factice, la vie théâtrale au lieu de la vie idéale ou de la vie réelle. Joignez à cela une somme (tout aussi considérable qu'il vous plaira) de véritable talent et d'esprit très français; joignez-y surtout de braves sentiments, involontairement chrétiens, une émotion spontanée devant le malheur, et de ces élans du cœur qui, pour être un peu bruyants, n'en sont pas moins très sincères et très méritoires. Voilà le boulevard.

Ce qu'on n'y voit pas, malgré tout, c'est la véritable population parisienne et la véritable population française, laquelle est, qu'on le sache bien, la plus familiale peut-être, la plus laborieuse et la plus économe de toutes les races présentes ou passées, vivantes ou mortes.

Ce qu'on ne voit pas, ce qu'on ne peut pas voir sur le boulevard, ce sont les représentants de cette admirable classe moyenne qui est l'honneur particulier de notre pays ; ce sont ces ménages probes et travailleurs, qui se comptent chez nous par cent milliers ; ce sont ces paisibles intérieurs d'employés ou de petits marchands qui, après un repas sobre et gai, font bravement travailler leurs enfants jusqu'à dix ou onze heures du soir; ce sont toutes ces « fileuses » qui, à la lueur d'une petite lampe, font d'héroïques efforts pour donner un renouveau aux vêtements un peu râpés du père et des garçons, aux robes un peu effrangées de la mère et des filles; ce sont ces logis d'ouvriers, plus modestes encore, mais si bien tenus, mais si proprets, avec leurs couronnes de fleurs d'orangers sous un globe, et leurs humbles images piquées aux murs; c'est la vie régulière, honnête, sacrifiée, de tous ces petits du monde, qui sont chrétiens sans le savoir et qui ignorent le boulevard autant que le boulevard les ignore.

Ce qu'on ne voit pas, ce qu'on ne peut pas voir sur le boulevard, c'est cette innombrable plèbe de nos vaillants paysans français, dont se gaussent les boulevardiers, mais sans lesquels ces hommes d'esprit ne seraient rien ; qui travaillent en été jusqu'à douze ou quinze heures par jour ; qui sont le fonds auguste de la nation ; qui ont plus d'enfants que tous les muscadins du boulevard et qui, par conséquent, sont plus utiles que tous ces raffinés à notre pauvre France en voie de se dépeupler et de se perdre.

Ce qu'on ne voit pas, ce qu'on ne peut pas voir sur le boulevard, c'est surtout la douleur et la lutte héroïque contre la douleur. C'est le grand combat contre la misère, qui se livre, terrible et sans trève, dans ce pauvre Paris où tant de déshérités meurent de faim ; c'est l'étonnante résignation, et si chrétienne, d'un grand nombre de ces condamnés à mort; c'est la Charité qui, soudain, lumineuse et charmante, grimpe aux sixièmes étages et pénètre dans l'abjection de ces bouges pour y apporter la joie, la résurrection et la vie.

En un mot, ce qu'on ne voit pas sur le boulevard, c'est la Réalité.

Et cependant c'est d'après le boulevard que tous les étrangers nous jugent; c'est d'après le boulevard qu'avec un scandaleux déni de justice, ils nous traitent comme le plus léger et le plus corrompu de tous les peuples.

La France n'est représentée chez eux que par nos modistes et nos coiffeurs, par nos romanciers et nos cabots, lesquels ne sont qu'un produit et une exportation du Boulevard.

De là cet inique mépris dont la France est la très innocente victime et qui a déterminé peut-être certains voisins puissants à nous déclarer des guerres aussi fatales qu'illégitimes.

Ce qu'il y a de moins consolant, c'est que le boulevardisme n'est pas une nouveauté parmi nous : c'est qu'il sévit en France depuis plusieurs siècles. Nous sommes la seule nation qui, dès l'origine de sa littérature, ait possédé un groupe, tout un groupe d'écrivains qui vivaient, pour ainsi parler, en dehors de la société de leur temps, de leur véritable patrie, de toutes les idées, de toutes les traditions, de toutes les croyances de leur pays et de leur siècle;

Un groupe enfin, tout un groupe d'écrivains qui ont été voltairiens plusieurs centaines d'années avant Voltaire.

Boulevardier, mon ami, vous avez, vous et les vôtres, une généalogie et des ancêtres dont je suis moins fier que vous.

Aux douzième et treizième siècles, ce sont vos pères qui ont écrit le *Renard*, les fableaux et le *Roman de la Rose*.

Au seizième siècle, vous vous êtes appelé Rabelais; au dix-septième, Molière; au dix-huitième, Voltaire.

Telle est votre lignée, la lignée de ceux qui n'ont connu qu'une portion de la patrie française, et non pas toute la grande France.

Et nous sommes sans doute condamnés à subir votre joug, en notre pauvre et magnifique pays, jusque dans l'autre vie (exclusivement);

Jusque dans ce ciel tant désiré où il y aura, je l'espère, beaucoup de boulevardiers, mais où, grâce à Dieu, il n'y aura plus de boulevard.

V

A un Peintre.

V

A un Peintre.

Quand nous étions tous deux au collège, vous m'aviez déjà inspiré quelque crainte sur la tournure que pourraient prendre un jour votre précoce talent de dessinateur, votre admirable tempérament d'artiste. Vous étiez dès lors hanté par le souvenir et par la gloire de Gustave Doré : « Il a fini, disiez-vous, par Dante et par la Bible ; mais il avait débuté par la caricature. »

Là-dessus, vous faisiez circuler parmi nous (c'était en rhétorique) de spirituelles pochades où vous n'épargniez personne. Je me souviens surtout de la « charge » que vous aviez infligée à notre infortuné professeur d'histoire, lequel était un pauvre diable, qui faisait durer quatre ans ses redingotes, et dont les chapeaux, recroquevillés et rougis, étaient devenus légendaires. Quelle piquante et jolie caricature ! Elle fit le tour du collège, puis le tour de la ville, et quelque bon collègue ne se refusa pas le plaisir de la montrer à votre victime, qui en pleura.

Ces pleurs ne vous ont pas guéri, et voici que vous consacrez une longue lettre à m'informer d'une décision qui est, dites-vous, irrévocable :

« Je ne vends plus mes tableaux. Vous savez mieux que personne qu'on ne mord plus à la peinture religieuse, et ma *Sainte Cécile* (très bien venue, pourtant, et vraiment raphaélesque) est encore dans mon atelier ; j'en serai réduit à l'offrir à mon curé ou au vôtre. La peinture historique est dans le marasme, et ma *Bataille de Poitiers* (si mouvementée, si vivante, et que vous aimiez) n'a aucune chance d'être achetée, même à Poitiers. Quant au « genre », il n'en faut plus parler, et je viens de donner mon *Réveil de Bébé* (c'était gentil et frais, cependant) à la crèche de ma ville natale, qui a fait quelques difficultés pour l'accepter. Donc, moitié par vengeance contre un siècle grossier, moitié par goût, je me reprends à la caricature. Garde à vous : je charge. »

En même temps que votre lettre, vous m'adressez un exemplaire du journal (un journal conservateur, hélas!) où vous venez de faire vos débuts, vos vrais débuts de caricaturiste.

Ces dessins charmants et pleins d'*humour*, je les ai considérés longuement, et ils m'ont profondément attristé. Et cette tristesse atteste, une fois de plus, toute la vivacité de l'affection que je ressens pour vous.

Le connaissez-vous bien, mon ami, ce chemin où vous vous engagez par dépit et à la légère? Vous êtes-vous demandé, — vous, chrétien de naissance et de conviction, — ce que c'est vraiment que la caricature? Et savez-vous jusqu'à quel point elle peut devenir antichrétienne et fatale aux âmes?

Tout d'abord, elle déshonore la beauté de cet être humain qui est, dans l'ordre visible, la plus parfaite création du grand Sculpteur céleste. Vous insultez à l'Ouvrier en défigurant son œuvre. Vous rappelez-vous cette admirable fierté du vieux Lamartine, auquel un caricaturiste demandait, osait demander de « faire sa charge »? Le grand poète, indigné, refusa net : « Je « suis vieux, je suis ridé, je suis flétri; « mais mon visage est l'œuvre de Dieu, « et je vous défends de le profaner. » Voilà qui est parler.

La caricature, d'ailleurs, ne se borne pas à cette profanation de la noble créature humaine. Elle va fatalement plus loin; elle descend fatalement plus bas. C'est une pente où les glissades sont inévitables et mortelles.

Vous avez encore dans l'oreille cette scène du *Malade imaginaire*, où M. Purgon menace le pauvre Argan de vingt maladies de plus en plus redoutables et dont le seul nom donne la chair de poule :

« Vous allez, lui dit-il, tomber de la bradypepsie dans la dyspepsie, de la dyspepsie dans l'apepsie, de l'apepsie dans la lienterie, de la lienterie dans la dysenterie, de la dysenterie dans l'hydropisie, et de l'hydropisie dans la privation de la vie où vous aura conduit votre folie. »

J'oserai en dire autant de la caricature, et les chutes y succèdent aux chutes. Vous en ferez bientôt la triste expérience.

Dans ces premiers dessins, dont vous me priez d'agréer l'hommage, vous vous êtes montré enjoué, fin, spirituel, malin, médisant, gouailleur, railleur, un tantinet méchant, mais nullement calomniateur et aucunement venimeux. Vous y viendrez.

Le caricaturiste n'est trop souvent qu'un pamphlétaire au crayon, et il en est bien peu, parmi vos maîtres, qui aient su éviter les graves défauts du pamphlet, l'emportement, l'injustice, et, ne l'oublions pas, l'excitation à la haine.

Combien de fois ne me suis-je pas dit, à la vue de certaines caricatures qui surexcitent les plus détestables passions : « Mais ce dessin est un appel à la révolte, mais il va faire couler le sang? »

Il n'est pas d'autorité ici-bas que la caricature n'ait outragée, qu'elle n'ait ébranlée, qu'elle n'ait jetée à terre. Parcourez les « charges » du temps de la Restauration, et dites-moi si elles n'ont pas préparé 1830 plus sûrement encore et plus iniquement que les pamphlets de Paul-Louis Courier et les chansons de Béranger. Lisez la *Caricature*, ce journal des premières années de Louis-Philippe, et dites-moi si vous ne voyez pas 1848 flamboyer à l'horizon. Lisez les horribles journaux de mars 1871, et dites-moi si tant de dessins brutaux n'ont pas fait la Commune.

Elle n'a rien épargné, elle ne peut rien épargner, cette Caricature à laquelle vous voulez consacrer votre talent, votre vie, votre âme. Mon sang bout, mon cœur bat, tout mon être frémit quand je m'arrête, le samedi, devant les caricatures de la semaine. Notre Dieu, qui a tout créé; notre Jésus, qui a tout sauvé; notre Église, dont la lumière éclaire le monde; nos sanctuaires et nos saints; notre pape, qui n'est même pas défendu par sa vieillesse et ses douleurs; nos évêques, nos sœurs de charité, nos prêtres : tout est insulté, tout est bafoué, tout est traîné dans la boue, dans cette boue où l'on traîne aussi tous les rois et tous les peuples. Rien, rien, rien n'est respecté.

Mais il y a pour vous d'autres dangers, et que j'ai le devoir de vous signaler. Un élément inévitable et périlleux ne peut manquer de trouver une place importante dans la caricature, dans celle même que vous rêvez. Cet élément, c'est la femme.

La caricature est sensuelle, quand elle n'est pas colère. Elle oscille et oscillera toujours entre André Gill et Grévin. Vous me direz que l'excellent Cham et quelques autres n'ont sombré ni dans l'un, ni dans l'autre de ces écueils. Serez-vous aussi heureux?

Vous me répondrez aussi que la Caricature a une grande mission morale; qu'elle joue, près des puissants du jour, le même rôle que l'insulteur romain auprès du triomphateur sur son char; qu'elle est la grande vengeresse de l'honnêteté vaincue et la grande justicière du vice triomphant : « Ah ! mon ami, me dites-vous à la fin de votre lettre, quel rôle admirable ! Je les marquerai d'un fer rouge, ces petits persécuteurs de l'éternelle vérité; ces faux libéraux qui repoussent toute offre de réconciliation, tout essai de concorde ; ces gens de théâtre qui sont décidément les maîtres du monde et qui encabotinent notre France ; ces boulevardiers, qui ne connaissent que leur boulevard ; ces romanciers, qui font métier de salir les âmes ; ces réalistes, qui enlaidissent le laid. Je les poursuivrai, je les atteindrai, je les châtierai... »

C'est fort bien, mon ami, et je serai le

premier à vous applaudir ; mais prenez garde de vous blesser avec votre arme, qui est affilée et perfide.

Quant à moi, après y avoir bien réfléchi, et sans descendre ici à aucune personnalité, j'estime que la Caricature fait décidément plus de mal qu'elle ne saurait jamais faire de bien, et que les catholiques devraient énergiquement la bannir de leurs maisons, de leurs journaux, de leurs regards.

Revenez donc à une forme plus auguste de l'Art, et, si vous n'avez rien de mieux à faire, venez ici dessiner le portrait de mes sept enfants et de leur mère.

VI

A un esprit fort.

VI

A un esprit fort.

Vous sortez de la séance que l'Académie française consacre chaque année à la distribution de ses récompenses, et vous voilà en proie à un enthousiasme dont vous voulez bien m'expliquer la cause. C'est le « Rapport sur les prix de vertu » qui vous a mis en cet état violent, et vous y avez trouvé, me dites-vous, la confirmation de toutes vos idées, la consécration de toutes vos thèses : « J'ose espérer, ajoutez-vous d'une voix un peu aigre, que *votre* Église ne prétendra plus à ce monopole de la charité qu'on lui a trop complaisamment attribué, et il est désormais prouvé que les vertus athées valent les vertus cléricales. A coup sûr, elles sont aussi couronnées les unes que les autres, et l'Académie vient solennellement de leur décerner son *ex æquo*. C'est chose jugée. » . . . .

Je me plais à croire, mon ami, que vous avez singulièrement exagéré les conclusions d'un Rapport dont on m'a dit le plus grand bien, et j'estime, s'il faut tout dire, que vous n'avez pas saisi tout ce qu'il renferme, au fond, de délicat et de fin. Mais, puisqu'il vous convient de l'interpréter à votre façon et de le résumer en cette proposition qui est à tout le moins excessive : « La charité est athée autant que catholique » ; puisque, enfin, vous vous entêtez en cette étrange et désolante affirmation, ce n'est pas à l'Académie, c'est à vous que je vais répondre.

Donc, vous nous donnez à entendre que l'athée est capable d'actes de charité tout aussi sublimes, tout aussi féconds que ceux du croyant. Vous seriez peut-être assez embarrassé si je vous invitais à me fournir la liste de ces « sans-Dieu » qui ont aimé leurs frères jusqu'à l'oubli complet d'eux-mêmes, jusqu'au sacrifice de leur propre vie, jusqu'à ce degré de folie qui vous a souvent arraché de si légitimes éloges. Mais alors même que vous pourriez faire passer sous mes yeux les noms de ces singuliers athées, alors même que ces noms seraient imposants et nombreux, je récuserais ce témoignage. L'athée, en effet, vit aujourd'hui dans un milieu religieux dont il s'assimile malgré lui les traditions, les sentiments, les vertus. Il est tout aussi impossible à l'athée de ne pas respirer l'oxygène chrétien qu'il est impossible à l'être humain de se soustraire à l'oxygène matériel. Les dévouements, les sacrifices, les charités de l'athée ne sont le plus souvent qu'une imitation inconsciente et affaiblie des dévouements, des sacrifices, des charités catholiques. C'est aussi évident que le soleil.

Je ne saurais ignorer (puisque l'Église me l'enseigne) qu'armé des seules forces de la nature, l'homme est capable de se hausser jusqu'à la connaissance de Dieu et jusqu'à de nobles vertus que les païens ont manifestement connues et pratiquées. La pitié, je le veux bien, est une de ces vertus d'ordre naturel dont je ne méconnais pas la beauté. Je sais ces choses, et serais coupable de ne les point savoir.

La charité de l'athée, quand elle est bornée à elle-même, ne peut avoir pour principe que ce sentiment très naturel et très humain, la Pitié. C'est, à coup sûr, un sentiment des plus généreux, et, encore une fois, je n'en voudrais pas médire ; mais enfin je ne puis m'empêcher d'observer qu'avant l'incarnation du Verbe, les Païens, réduits à ce seul élément, n'ont pas étonné le monde par la fécondité de leurs institutions charitables. Ces merveilleux artistes, ces amoureux de la Beauté n'ont vraiment pas aimé les pauvres, les misérables, les petits. Disons mieux, disons tout : ils n'ont même pas connu la charité. C'est le cri de toute l'histoire : on ne l'étouffera pas.

Qui donc, durant les premiers siècles de notre ère, qui donc a pénétré dans les bouges abjects et dans les ergastules immondes? Qui donc s'est alors penché sur l'esclave, sur le mendiant, sur ces néants dont la civilisation antique ne daignait même pas avoir le souci? Qui donc a nourri les faméliques, vêtu les nus, visité les prisonniers, assisté les malades, enseveli les morts? Qui? Était-ce l'athée, était-ce nous?

Et, plus tard, quand le *labarum* a rayonné dans l'air, quand l'Église a obtenu enfin la permission de vivre et d'étaler au soleil la beauté de ses œuvres, qui donc a fondé tant d'hospices, tant d'hôpitaux, tant d'orphelinats, et tant d'asiles enfin où l'on a accueilli toutes les misères de l'homme? Les *nosocomia*, les *orphanotrophia*, les *gerontocomia* sont-ils notre œuvre, ou celle de l'athée?

Plus tard, — et nous faisons ici un bond hardi jusqu'au siècle de saint Louis, — qui donc a fait jaillir du sol chrétien des milliers et des milliers de Maisons-Dieu? Qui donc a aimé le lépreux jusqu'à le serrer dans ses bras? Qui donc a traversé la mer pour racheter les captifs? Qui? Était-ce l'athée, était-ce nous?

La cornette des sœurs de charité qui étincelle au-dessus de tout le dix-septième siècle, tant d'écoles ouvertes, tant d'hôpitaux agrandis et assainis, tant d'Ordres nouveaux, tant d'industries nouvelles et si merveilleusement combinées pour soulager alors tous ceux qui souffraient, pour réchauffer tous ceux qui grelottaient, pour consoler tous ceux qui pleuraient, pour recueillir tous les petits jetés au coin des bornes, tant de créations incomparables doivent-elles être décidément attribuées à l'athée ou à nous ?

Mais, sans remonter si haut, je veux emprunter mes arguments au Rapport même dont vous faites un si singulier usage.

Ces lauréats qu'on vient de couronner, en est-il un seul dont vous puissiez dire en toute sûreté de conscience : « Je jure que le Christianisme est étranger à son dévouement » ? Pas un, il n'en est pas un.

La simple pitié humaine a sa raison d'être et se comprend ; mais, en vérité, la charité athée n'existe pas, et ce seul accouplement de mots, ce seul mélange fait bondir.

Le principe de la vraie charité, c'est Dieu, et c'est sur un ordre précis de ce grand Dieu que nous aimons nos frères, et que nous les aimons jusqu'à la folie, jusqu'à la mort.

L'essence de la vraie charité, c'est l'imitation du Dieu qui s'est fait homme.

L'homme étant un être essentiellement imitateur, Dieu a voulu descendre des hauteurs célestes pour lui enseigner comment il fallait aimer.

Dieu ayant aimé jusqu'à en mourir, nous avons le devoir d'aimer comme lui.

C'est les yeux tournés vers Jésus-Christ que se sont opérés, dans le monde, les plus augustes, les plus hauts miracles de la charité. On regarde le Christ, et l'on aime ; on le regarde, et l'on meurt pour ce qu'on aime.

L'Église, à travers tous les siècles, continue l'œuvre de son maître. Toutes les fois qu'une âme est consolée, qu'un malade est enveloppé de sollicitude et d'amour, qu'un ignorant est instruit, qu'un loqueteux est vêtu, qu'un fléau est conjuré, et qu'une victoire de plus est gagnée sur la maladie ou sur le vice, toutes les fois, enfin, que le Bien triomphe du Mal, on peut dire que l'Église a passé par là. »

« Elle a passé par là, » mon ami, et j'espère que vous le reconnaîtrez avec cette bonne foi qui est, en quelque manière, le meilleur arome de tous les raisonnements humains.

Donoso Cortés dit quelque part qu'il comprend qu'on aime passionnément la Vérité, et, même, qu'on se prenne contre elle d'une haine injuste, violente, folle. Ce qu'il ne comprend pas, c'est qu'on passe, d'un air indifférent, devant l'Église et devant l'œuvre de l'Église.

J'ose espérer, mon ami, que vous ne mériterez jamais qu'on vous applique ce très équitable jugement du grand polémiste espagnol. *Salve.*

VII

A une Mère.

VII

A une Mère.

Vous avez marié votre fille unique, votre Marguerite, il y a bientôt trois mois, et, profitant de l'absence momentanée du jeune et charmant ménage, vous vous êtes enfermée dans votre chambre et m'avez enfin écrit cette lettre que j'attendais depuis si longtemps. La longueur de cette missive me dédommage de son retard. Dix pages !

Il y a, au début de votre lettre, l'expression d'une joie qui m'a paru sincère, mais, le dirai-je ? avec un je ne sais quel mélange de tristesse voilée. A la seconde page, vous ne riez plus. A la troisième, vous éclatez en larmes.

Donc, il vous est advenu ce qui arrive à tant de mères. Veuve de bonne heure, mais profondément chrétienne et digne d'appartenir à ce bel Ordre des Veuves qui avait sa place marquée dans nos Basiliques des premiers siècles, vous avez très vaillamment accepté la rude tâche que Dieu vous imposait, et, jetant les yeux sur le seul enfant que vous ayez eu, sur cette chère petite Marguerite qui était encore au berceau, vous vous êtes dit : « Je l'élèverai ; j'en ferai une honnête femme et une vraie chrétienne. » On sait que vous y avez pleinement réussi.

Ce n'a pas été sans labeur, je l'avoue. Vous y avez usé toutes les énergies de votre santé ; vous y avez peiné, vous y avez vieilli. L'enfant fut jusqu'à douze ans d'un caractère difficile et qu'il vous fallut briser. Vous avez dû souvent punir, et, par conséquent, souvent pleurer.

Votre fortune a subi des oscillations qui vous ont fait trembler, et vous avez cru un moment que tout allait sombrer. Puis, la maladie est venue, cette horrible typhoïde qui est la terreur des mères. Vous avez veillé près de l'enfant quarante-cinq nuits de suite. Vous l'avez sauvée : mais quelle pâleur, depuis lors, sur vos pauvres traits amaigris ! Quel sourire éteint ! quels yeux creusés par l'insomnie et l'épouvante ! C'est vous-même qui me l'avez dit en ces propres termes, et je vous sais, d'ailleurs, capable de les entendre.

Mais enfin vous avez marié Marguerite, et une sorte d'aurore a lui sur vous. Je m'aperçois qu'elle n'a pas été de longue durée.

Et voilà qu'aujourd'hui vous versez tout votre cœur dans le mien, et que vous voulez bien me conter tous vos chagrins. Ils sont rudes.

« Marguerite, me dites-vous, n'est plus la même pour moi depuis ses fiançailles. Elle a quatorze fois (quatorze !) oublié de m'embrasser, le matin ou le soir. C'était ma fête hier, et, elle, si affectueuse, si gentille, et qui ne manquait jamais à m'apporter ce jour-là une belle gerbe de chrysanthèmes, elle n'y a pas seulement pensé. Pas de fleurs, pas même un baiser. Rien !

« Ce n'est pas tout. Elle prend sans cesse le parti de son mari contre moi, en art, en religion, et, le croiriez-vous, en politique. Figurez-vous qu'elle est devenue « centre gauche », parce que son Henri est centre gauche. Elle a été, l'autre jour, jusqu'à me dire du mal de M. de Broglie, parce que son mari ne peut pas le sentir. La fin de la discussion a même été des plus orageuses : les deux époux m'ont tourné le dos et laissée seule.

« Vous croyez que j'ai fini : point. J'ai été malade dix jours, malade à inquiéter le docteur. Ni Henri, ni Marguerite ne sont venus prendre une seule fois de mes nouvelles. Et, pour couronner le tout, Monsieur et Madame sont en voyage de noces depuis trois semaines, et je n'ai reçu de Marguerite qu'une seule lettre, datée de Florence, et contenant cette seule ligne : « Si vous saviez, maman, comme l'Italie est belle ! » C'est tout.

« En un mot, je suis l'Abandonnée. »

Telle est votre lettre, en substance, et

j'ai bien vu, à certaines petites taches sur le papier, que vous aviez pleuré en l'écrivant.

Eh bien! je veux vous consoler, et commence par vous redire que votre accident est des plus communs. C'est l'ordinaire, c'est la loi.

Il importe que, pour faire leur nid, les deux jeunes oiseaux oublient tout le reste, oui, tout, jusqu'à leur père, jusqu'à leur mère. Et, si je ne craignais d'abuser d'un mot auguste, je vous dirais que leur ingratitude est « providentielle ».

Pendant ces premiers mois du mariage, les époux subissent en quelque sorte le phénomène de l'ivresse. Et ce qu'ils boivent, c'est de l'eau du Léthé.

N'allez pas vous récrier, n'allez pas me citer les beaux vers que Nadaud adresse aux enfants oublieux : « Vous n'aimerez jamais vos mères — Autant qu'elles vous ont aimé. » Rien n'est plus naturel qu'un tel oubli. Et j'irais jusqu'à dire que rien ne me semble plus excusable, ni plus utile.

Mais rassurez-vous, pauvre maman si légitimement éplorée. Tout me donne à espérer que l'année ne se passera point sans que votre Marguerite vous donne une petite Jeanne ou un petit Georges. Alors tout changera.

Quand elle verra ce qu'il faut souffrir pour avoir ces chers êtres « par lesquels nous vivons », mais qui font quelquefois mourir leurs mères,

Quand elle aura passé par ces douleurs horribles, par ces affres, par ces angoisses,

Marguerite, votre Marguerite comprendra.

Elle tombera dans vos bras en vous disant comme autrefois : « Oh ! ma petite « maman, que je vous aime ! »

Et alors vous fondrez en larmes ; mais ce ne seront plus des pleurs semblables à ceux qui ont mouillé votre lettre.

Adieu, ma vieille amie, et espérez en ce grand Dieu qui a tant aimé sa Mère.

VIII

A un Père.

VIII

A un Père.

« Savez-vous que mon fils vient d'avoir quinze ans? » Voilà ce que vous m'écrivez avec je ne sais quel accent de triomphe qui ressemble à une fanfare de trompettes, et dont vous n'avez pas à vous excuser. Quinze ans! c'est certainement un bel âge, et il y aura bientôt cinquante années que je suis, pour ma part, occupé à le regretter.

Pourquoi faut-il que vous ajoutiez sur-le-champ : « Ne serait-il pas temps de « conduire ce grand garçon au théâtre? » Hélas! voilà qui gâte votre fanfare, les quinze ans de votre fils, et tout le reste.

Est-ce bien vous, mon vieil ami, qui

me posez aujourd'hui une telle question? vous qui, le jour de la première communion de votre André, me disiez, avec des yeux trempés de larmes : « Je voudrais, « au prix de tout mon sang, lui conser- « ver toujours sa blancheur d'âme. » Nous nous promenions en ce moment sur la grande place de votre petite ville et, d'un doigt énergique, vous me montriez l'horrible « monument » où l'on joue chez vous l'opérette à outrance : « Moi vivant, « disiez-vous, il ne franchira jamais cette « porte. Jamais, jamais ! »

Puis donc que votre fermeté s'est amollie, et que vous me demandez mon sentiment... pour confirmer le vôtre, je vais vous répondre.

Loin de moi la pensée de contester la puissance, l'incomparable puissance du théâtre. Il n'y a jamais eu, il n'y aura jamais une seule forme de l'Art qui puisse, à ce point de vue, lui être un instant comparée. Faites passer sous les yeux de la foule la *Transfiguration* de Raphaël, ou l'*Angelus* de Millet; le *Moïse* de Michel-Ange, ou le *Gloria victis* de Mercié; le Parthénon d'Athènes ou la cathédrale d'Amiens; faites entendre à cette même foule la Symphonie avec chœurs de Beethoven, ou la *Gallia* de Gounod; je vais plus loin : lisez-lui, d'une voix vibrante, lisez-lui l'*Hymne au Christ* de Lamartine, ou les *Pauvres gens* de Victor Hugo ; tous ces chefs-d'œuvre, sans doute, pourront surprendre votre public, voire même lui arracher des cris d'admiration et des Ah ! sincères et émus. Ce sera tout, mon ami, et ce sera vraiment bien peu de chose, Mais que, dans l'abjecte petite salle de votre théâtre; que, dans ce bouge enfumé et puant, des comédiens de cinquantième ordre viennent un soir, à la lueur de dix quinquets huileux et avec des décors en loques, jouer quelque vieux drame, comme les *Deux Orphelines* de Dennery, la foule, toute la foule, sera remuée jusque dans le plus intime de son âme; vous entendrez distinctement les battements de son cœur; vous assisterez à l'explosion naïve de son indignation ou de sa douleur; vous la verrez tour à tour fondre en larmes, éclater de rire, montrer le poing au traître, crier « Bravo! » à l'innocence qui triomphe, et, enfin, sortir de là pantelante et transfigurée...

Telle est la puissance du théâtre. J'affirme, de nouveau, qu'il n'y en a point ici-bas de plus vive ni de plus profonde. C'est donc avec un sincère et respectueux enthousiasme que je m'incline ici devant les grands dramaturges de tous les temps, devant Eschyle comme devant Corneille, devant Sophocle comme devant Racine, devant Lope de Vega comme devant Shakespeare. Ce sont vraiment des « conducteurs de peuples ». Ils ont régné, ils règnent.

*
* *

Vous avouerez bien, cependant, que le théâtre n'a pas mis uniquement sa puissance au service du Bien et que, depuis Tertullien jusqu'à Bossuet, l'Église n'a cessé de faire retentir dans le monde son cri indigné contre la comédie et les comédiens;

vous avouerez bien que, sous tous les soleils et dans tous les temps, ce théâtre, ainsi réprouvé, a toujours eu je ne sais quelle prédilection marquée, quel amour de préférence pour le Mal; vous avouerez bien, enfin, que de nos jours, il s'est principalement donné pour objet d'émoustiller en nous ce que Lacordaire appelait si bien le « sens abject ». Je vous faisais tout à l'heure assister, en esprit, à une représentation des *Deux Orphelines* ; mais je sais que, même dans votre Landerneau, on ne joue pas uniquement des drames aussi vertueux. Vous m'avez un jour confessé que l'opérette y était en pleine floraison, et qu'on n'y adorait rien tant que les flonflons d'Offenbach. Eh bien! imposez-vous l'épreuve d'assister un jour (sans votre fils) à la représentation d'une de ces œuvres plus que scabreuses. Surtout, étudiez les spectateurs plus que les acteurs, et jugez par eux, jugez du mal que ces impures bouffonneries peuvent faire aux âmes. Prêtez l'oreille à ces mauvais rires, à ces chuchotements plus mauvais encore; voyez cette rougeur qui monte au front des jeunes femmes; écoutez ces conversations à double entente et ces mots à double sens; suivez des yeux ces lorgnettes insolemment braquées, et observez les créatures qui supportent ou provoquent l'impertinence de ces regards. S'il y avait un thermomètre pour indiquer scientifiquement la température des âmes, je ne saurais vous dire, en vérité, jusqu'à quel degré vous le verriez alors baisser au-dessous de zéro. Et notez qu'il en serait de même si, au lieu de subir une opérette, vous aviez à entendre quelqu'une de nos comédies les plus « modernes ». J'admettrai volontiers, mon ami, toutes les exceptions que vous voudrez; mais elles sont, je vous le jure, beaucoup plus rares que vous ne paraissez le croire.

Malgré tout, votre André a quinze ans, et vous jugez bon de « conduire ce grand garçon au théâtre. » Tous mes conseils n'y pourront rien, et vous l'y conduirez.

Eh bien! je vais, pour la première fois de ma vie, me transformer soudain en prophète, et vous signaler par avance tout le chemin que vous allez fatalement parcourir, de compagnie avec votre fils. Paul Féval a écrit les « Étapes de sa conversion » : je m'en vais écrire les Étapes, fort intéressantes aussi, mais moins édifiantes peut-être, de votre Voyage à la recherche du Théâtre moral.

*
* *

Oh ! cela commencera en famille, et d'une façon presque pieuse. Vous débuterez par ce bon petit théâtre de salon qui a certainement son charme, mais qui a ses dangers aussi. Vous y convoquerez les amis d'André et les amies de votre fille. On répétera l'*Ermitage*, d'Octave Feuillet, et ce sera exquis. Sans doute, on y perdra un peu de temps, et de nombreuses répétitions seront jugées nécessaires. Les jeunes filles, d'ailleurs, ne seront pas sans minauder un peu, et je ne me figure pas sans quelque ennui votre Geneviève, qui a dix-huit ans, chargée, la pauvre enfant, du rôle matrimonial d'Hélène. Votre fils (quinze ans !) jouera le personnage de ce Paul qui est un blasé. Puis, — comme ça ne marchera pas très bien, — vous serez bien forcé de vous adresser quelque jour à cet excellent acteur de la Comédie-Française qui est professeur de diction dans un de nos *bons* collèges, et vous lui demanderez des avis, une direction. Qui sait même si vous n'irez pas jusqu'à consulter une de ces dames de la maison de Molière?

Le théâtre de salon ne vous suffira pas longtemps, et vous aspirerez bientôt à des horizons plus vastes. Par bonheur, vous avez votre Cercle où des gens sérieux s'appliquent (parfois avec succès) à lire des journaux qui ne sont pas, hélas ! moins sérieux. La vérité m'oblige à confesser que ces vieux s'y endorment souvent, et qu'ils ont besoin d'un éveil. L'éveil, ce sera la comédie. Les fils et les neveux de ces braves gens s'offriront à dégourdir ces pères et ces oncles qui sont, en effet, un peu « gourds », et vous verrez qu'ils joueront le *Légataire universel*. Le choix n'est pas heureux, je l'avoue, et je ne connais pas, dans tout notre ancien répertoire, une œuvre plus odieuse, et plus lugubre en même temps, que cette prétendue comédie de Regnard, dont tous les personnages, sauf le moribond, seraient aujourd'hui passibles de la police correctionnelle ou d'un voyage à la Nouvelle-Calédonie. On y foule aux pieds tout respect pour la vieillesse comme pour la famille; on s'y attaque à la décrépitude, on y insulte à la maladie, on y met la coquinerie en gloire. Ce sera votre seconde étape et celle aussi de votre André, qui jouera le rôle du valet avec une verve merveilleuse, et aura le malheur d'y réussir un peu plus que vous ne l'auriez souhaité.

Votre Cercle, cependant, n'est pas encore votre idéal, et je ne sais quel milieu plus jeune ne vous déplairait point pour votre fils : « Si je conduisais mon « André, vous direz-vous, à cette Asso« ciation de la Jeunesse dont il est mem« bre depuis un an. On y joue ce soir le « *Don Quichotte,* de Sardou. C'est un « chef-d'œuvre. Allons. » Vous l'y mènerez en effet, et en reviendrez plus triste, je pense, que vous n'y serez allé. Cette chose auguste, la Chevalerie, y est, d'un bout à l'autre, indignement bafouée et traînée dans la boue. Il y a surtout cette scène, imitée de Cervantes, où l'on confère ridiculement à Don Quichotte l'auguste sacrement de la Chevalerie; il y a cette scène odieuse qui m'a toujours fait passer des frissons d'indignation dans tout mon être, mais qui fait rire aux larmes un public épais et qui n'a rien de chevaleresque. Tout à l'heure, dans le *Légataire*, c'était la famille : c'est maintenant, dans le *Don Quichotte*, le Désintéressement et l'Idéal qui sont conspués. Et telle sera votre troisième étape.

« Ma foi, direz-vous un jour, je ne « vois pas pourquoi je ne conduirais pas « mon fils à la Comédie-Française. Les « classiques, après tout, sont utiles au- « tant que sacrés. Cela lui servira pour « ses examens. Il faut qu'un jeune homme

« ne demeure pas court dans le monde, « et qu'il sache parler des chefs-d'œuvre « de l'esprit humain. » Ces derniers mots, vous les direz en gonflant votre voix, et, après avoir consulté l'affiche, vous conduirez bravement votre André au *Mariage de Figaro*. Oh ! ce n'est plus la Famille ni la Chevalerie qui sont battues en brèche dans ce drame fatal d'où la Révolution est sortie, comme le poulet sort de l'œuf. Non, mais c'est tout l'ancien régime, mais c'est toute l'ancienne France. Ce Beaumarchais, esprit méchant et envieux, y passe successivement en revue toutes les classes de cette antique société française à laquelle nous pouvons loyalement reprocher ses faiblesses et ses vices, mais dont faisaient partie nos ancêtres (notre chair et notre sang), et qu'enfin nous avons le strict devoir de respecter et d'aimer, dans les limites de la Vérité et de la Justice. Bafoué, le clergé; bafouée, la magistrature; bafouée, la noblesse. Nous avons ici le spectacle, qu'aucun autre peuple n'a jamais donné au monde, d'une nation qui se prend soudain à mépriser tout son passé et à haïr toute son histoire. Je ne sais trop ce que votre André en pensera; mais, après la Famille et la Chevalerie, voilà (quatrième étape), voilà la Patrie en assez mauvais point.

« Parlez-moi de la musique », vous écrierez-vous alors avec un enthousiasme un peu artificiel et une conviction un peu découragée. « Les Opéras, ajoutez-vous, ont cela d'avantageux qu'on n'en comprend jamais le moindre mot. » Là-dessus, vous vous résoudrez à un gros sacrifice, et jetterez fièrement un louis devant une des caisses de l'Opéra. Ce soir-là on jouera les *Huguenots*, où tous les rôles généreux sont attribués aux protestants, et où la « Bénédiction des poignards » peut passer pour un outrage jeté à tous les catholiques. Après la Famille, après la Chevalerie, après la Patrie, ce sera le tour de l'Église. André reviendra de là rêveur, et vous aussi. Cinquième étape.

Je dois dire, pour être équitable, qu'un assez long espace de temps séparera probablement cette cinquième étape de la sixième; mais enfin vous y viendrez. Un jour, au lendemain d'un examen qui l'aura surmené, vous trouverez votre André un peu pâlot : « Il a besoin de repos, cet « enfant. » Vous le trouverez triste : « Il « a besoin de distraction. » Et vous vous direz, oui, vous finirez par vous dire qu'il n'y a encore rien de tel qu'Offenbach (aidé d'Halévy et de Meilhac) pour faire sourire ces jeunes lèvres, pour dérider ce front adolescent. « Que donne-t-on aux « Bouffes, ce soir? La *Belle Hélène*. Eh! « c'est précisément ce qu'il nous faut. De « l'antiquité encore, et toujours du clas- « sique. C'est le meilleur commentaire « de *notre* Homère. Allons. » Vous irez, et vous assisterez à une lamentable profanation de toute la beauté homérique, à une désolante caricature de l'Art et de la Poésie antiques, que dis-je? de tout Art et de toute Poésie véritables. Après la Famille et la Chevalerie, après la Patrie et l'Église, ce sera le Beau lui-même qui sombrera.

Je n'ai pas le cœur d'aller plus loin.

Qui va voir la *Belle Hélène*, est fatalement condamné à ne pas se refuser la *Bonne à tout faire.*

Qui se permet la *Bonne à tout faire* est fatalement condamné à suivre un jour les comédiens du Théâtre-Libre dans leurs plus audacieuses et leurs plus cyniques excursions, et même, plus tard, à écrire pour eux.

Une étape appelle l'autre.

Tout s'enchaîne, et il y a une redoutable logique dans les agissements et les habitudes des hommes.. . . . . . .

. . . .

Mais ici, je cesse d'être prophète, et je descends de mon trépied pour vous crier gare tout simplement, mon vieil ami, et vous embrasser de tout mon cœur.

IX

A quelqu'un « qui a du vague dans l'âme ».

IX

A quelqu'un « qui a du vague dans l'âme ».

La cigogne est une bête fort intéressante. Elle a son histoire et sa légende qui, toutes deux, commandent l'attention. Ce n'est pas en vain qu'on l'a appelée « la messagère modeste de la paix et l'avant-courrière des beaux jours ». Qu'on lui attribue, par surcroît, la fidélité et la tempérance, la bienfaisance et même la piété : nous n'en sommes aucunement scandalisé, et estimons seulement que le dernier mot est peut-être un peu excessif. Mais le caractère principal de la cigogne et celui qui domine tous les autres, c'est qu'entre toutes les créatures, elle est, dit-on, la première qui annonce la fin de l'hiver et de la nuit, le commencement du printemps et de la lumière. Elle a le flair du renouveau. Heureuse cigogne!

Nous n'avons pas la fatuité de croire que vous ne connaissiez pas avant nous cette histoire naturelle de la cigogne; mais vous ignoriez peut-être qu'on vient de donner ce nom, ce même nom de cigognes, à tout un groupe d'écrivains et de philosophes qui, au milieu de notre affreuse nuit religieuse et morale, au milieu de cet épouvantable hiver des âmes, croient comme vous au printemps et l'annoncent joyeusement à la pauvre humanité désespérée, au monde engourdi et demi-mort.

Nous autres, chrétiens, nous avions un autre vocable pour qualifier ces braves gens qui ont le rare mérite de ne jamais céder au découragement et d'aspirer à l'azur en plein déchaînement de tempête : nous les appelions des « hommes de désirs ». Ce n'était pas un nom d'oiseau ; mais le mot était superbe et disait bien ce qu'il voulait dire.

Enfin, va pour « cigognes ! »

Pas n'est besoin de dire, tout d'abord, que toutes les sympathies, et j'allais dire toutes les tendresses de notre âme, sont acquises à ces vaillants qui ne désespèrent pas du présent et croient résolument en l'avenir. Nous n'avons de sévérités que pour les âmes qui s'abandonnent. Tout homme qui lutte, nous l'aimons, et il est nôtre. Nous nous repentirions toute notre vie de ne pas avoir rendu pleine et lumineuse justice à une noble aspiration, d'où qu'elle vienne, et nous dirions volontiers avec un grand orateur catholique de nos jours : « Dieu nous garde d'insulter aux sentiments généreux qui amènent sur les confins de notre foi l'élite de la génération nouvelle, et, en particulier, ceux qu'on nomme les néo-chrétiens! » Notre orateur n'a pas osé dire « les cigognes » ; mais il y pensait.

A nos cigognes, à nos hommes de désirs qui ne sont pas pleinement chrétiens, nous ne saurions, en vérité, adresser qu'un reproche, mais il est grave. Ces réformateurs de bonne volonté sont nébuleux et vagues. Leur doctrine n'a pas de contours. Rien d'arrêté, rien de net. Ils me font peur pour vous, mon ami, qui aimez le nuage à l'excès et qui, aux premiers temps du romantisme, auriez certainement été un lakiste des plus mélancoliques et des plus convaincus, un amoureux des feuilles jaunissantes et de ces rayons affaiblis de la lune « qui dorment sur le gazon ». Vous me disiez, l'autre jour : « Il y a dix ans que je travaille à un livre en deux volumes, intitulé : *Le Vague*. » Eh bien ! mon malheureux ami, ce livre, depuis si longtemps attendu, les cigognes l'ont écrit avant vous.

Jamais, non, jamais, l'absence de netteté n'a été poussée aussi loin. Plus ces aspirations néo-chrétiennes sont élevées, plus leur objet est ondoyant et insaisissable. Pauvre humanité, qui aimes tant la précision, que deviendrais-tu si tu n'avais pas l'Église auprès de toi, la très précise et très catégorique Église, l'Église qui a une si vive horreur pour l'indéterminé et le vaporeux?

Je ne classerai point M. Renan dans le groupe des néo-chrétiens; mais, sans qu'ils s'en doutent et quoiqu'ils ne l'aiment guère, il a été leur maître à tous. Nul, depuis l'origine du monde, n'a possédé, au même degré, le talent de nier, dans le second membre d'une phrase, ce qui vient d'être affirmé dans le premier : « Nous mettons, dit-il, notre noblesse en l'affirmation obstinée du Devoir; nous faisons bien, et il y faut tenir, même contre l'évidence; mais il y a presque autant de chance pour que tout le contraire soit vrai. » La phrase est topique, et il y en a cent, il y en a mille de cette force. Dans la Préface de son dernier livre, ces contraditions abondent et surabondent. Écoutez plutôt : « Il n'y a peut-être rien au bout de la vie. Ou bien, qui sait si la vérité n'est pas triste? Ne soyons pas si pressés de la connaître. » Et ailleurs : « Rien ne nous prouve qu'il existe dans le monde une conscience centrale, une âme de l'univers ; mais rien ne nous prouve non plus le contraire. » Au recto d'une page, ce prince des nébuleux écrit ces mots plus qu'étranges : « Quand Dieu sera complet, il sera juste «; mais nous lisons, si nous tournons la page, ces autres mots qui sont presque orthodoxes : « Ne renonçons pas à Dieu le Père ; ne nions pas la possibilité d'un jour final de justice. » C'est lui, c'est bien lui, c'est bien ce Renan qu'un de nos vieux maîtres appelait naguère un « athée mystique », et qu'il aimait à se représenter tombant chaque soir à genoux, levant pieusement ses regards au ciel et s'écriant avec une passion attendrie : « O mon Dieu, je ne crois pas en vous. »

Mais Renan, malgré tout, Renan, qui a enseigné le scepticisme à tout l'univers, n'était ni un néo-chrétien, ni une cigogne.

Les vraies cigognes, les voici.

C'est, d'abord, cet admirable Tolstoï, qui est, plus d'une fois, si profondément entré dans l'infinie beauté de l'Évangile, mais qui est, lui aussi, un tourmenté, un agité, un nuageux, et qui, après avoir jeté ce très noble cri : « Il ne faut pas vivre pour soi ; il faut vivre pour Dieu », ajoute, en sapant les fondements mêmes de toutes les vérités naturelles : « Tout notre mal vient de la coquinerie de la raison », et croit naïvement que tout sera sauvé « par l'abandon des villes, le retour aux champs et le travail manuel. »

C'est James Darmesteter, esprit délicat, âme ferme et haute, qui a l'honneur insigne de détester le pessimisme contemporain et ne craint pas d'écrire, en un excellent français, ces consolantes paroles : « L'âme moderne est meilleure que ses doctrines et, sous l'écume de la surface, la source d'idéal coule aussi profonde que jamais. » Pourquoi faut-il, hélas ! que, pour ramener l'humanité à cet idéal de justice et de charité, il n'ait pas autre chose à nous proposer que de nous mettre de nouveau, comme l'antique Israël, sous la direction des Prophètes? Mais ces Prophètes, quels sont-ils, où sont-ils, et que nous diront-ils ? Mystère.

C'est encore Édouard Rod, qui proclame que « beaucoup d'antiques croyances et idées reprennent aujourd'hui leur ancienne place »; c'est Secrétan, déclarant, avec l'accent d'un vrai poète « qu'il faut que notre civilisation se purifie et se transfigure dans le feu de la charité » ; c'est Ibsen, qui proteste vigoureusement contre la forme actuelle du monde social ; ce sont tous ces sincères, ce sont tous ces penseurs qui signalent la maladie et se contentent, en général, d'aspirer au remède.

Mais c'est surtout Paul Desjardins, dont le livre récent — il est intitulé : *Le Devoir présent* — vous a remué jusque dans les plus vives profondeurs de votre âme et a exercé sur votre entendement une influence qui sera visiblement durable et peut-être décisive.

C'est devant ce livre du meilleur de tous les hommes et du plus honnête de tous les rêveurs, que je veux aujourd'hui faire avec vous une halte un peu plus prolongée, pour vous détourner de toutes les étonnantes et dangereuses nébulosités qu'on y trouve, et vous ramener à la rude et salutaire précision de l'idée catholique.

L'auteur du *Devoir présent* s'est pris un jour à considérer honnêtement l'état de la société française, ou, plutôt, de toute l'humanité contemporaine. Ce spectacle l'a profondément contristé, et il nous peint, en vives et saisissantes couleurs, cette misérable humanité qui « s'assied, épuisée, sur le bord du chemin », ou qui va, de droite et de gauche, « frappant les rochers et implorant une source. » Voilà qui est bien dit, et le tableau eût pu, fort légitimement, être poussé au noir. Je me persuade cependant que M. Desjardins, qui paraît assez bien connaître nos classes moyennes, n'a pas fait une étude assez approfondie de ce qu'on appelle aujourd'hui les nouvelles couches. S'il l'avait faite avec sa conscience et sa pénétration ordinaires, il serait encore plus scandalisé du présent et encore plus épouvanté de l'avenir. Il y a là toute une humanité — des millions et des millions d'hommes — qui jette ce cri farouche : « Je veux jouir, je ne veux que jouir », et qui a quelques raisons pour s'imaginer qu'elle sera prochainement la maîtresse du monde. Contre un mal aussi étendu et aussi profond, ils sont bien anodins les remèdes que M. Desjardins nous suggère, et je le trouve un peu téméraire d'espérer réussir où l'Église lui semble échouer.

Devant cette humanité qui brame vers la jouissance comme le cerf *ad fontes aquarum*, deux partis, deux camps se sont formés parmi nous. Il y a les « négatifs » et il y a les « positifs ». Il y a ceux qui espèrent et ceux qui se découragent ; il y a ceux qui travaillent et ceux qui s'endorment. M. Desjardins est un *positif*, et a mille fois raison. Il ne désespère pas : il agit.

Que va-t-il cependant nous proposer pour régénérer la pauvre humanité déchue ? Que va-t-il imaginer pour apaiser la grande clameur des déshérités de ce monde, pour dompter leurs appétits en révolte, pour les empêcher de jeter des regards torves sur le bien des riches et de mettre brutalement la main dessus? Que va-t-il demander aux puissants de la terre, pour les inciter à se dépouiller de ces biens auxquels leur cœur est, hélas! si amoureusement attaché? Comment, comment espère-t-il réaliser la paix sociale?

Rien n'est plus simple : M. Desjardins demande la formation immédiate d'une grande Association, dont feront partie tous les honnêtes gens de ce monde; d'une Ligue universelle à laquelle il donne les noms de « Ligue des hommes du devoir » ou de « Ligue du réveil moral. » Le sentiment du devoir, la foi au devoir, tel serait le fonds commun de la Société nouvelle. Juifs, chrétiens, philosophes seraient étonnés et ravis de s'y rencontrer. « Croyez-vous au devoir et le voulez-vous pratiquer? » telle serait la question qu'on adresserait d'abord à tous les néophytes. « Oui », telle serait la réponse qui leur ouvrirait les portes de l'Association. Voilà bien, si je ne me trompe, le résumé de tout le système, et je le crois loyal.

M. Desjardins développe avec talent, avec verve, cette thèse fondamentale. Il va même jusqu'à énumérer quelque part toutes les institutions avec lesquelles il prétend étayer l'édifice nouveau, ou, pour mieux dire, l'édifice rêvé. Il y aura, dans le sein de la grande Ligue, une « Société de secours moral », un « Séminaire moral », une « École de liberté » où l'on apprendra notamment à l'homme « comment il doit honorer la femme. » Les fondateurs de l'œuvre sont des démocrates libéraux qui ont le plus profond respect pour la liberté d'association, qui détestent le protectionnisme et sont amoureux du libre échange, qui souhaitent que l'armée « ne soit plus une école d'automatisme et de pression » et qui, enfin (bravo !), ne veulent pas entendre parler de socialisme d'État. Ils répandront partout de la lumière à flots. A l'usage des classes éclairées, ils feront jaillir du sol ces grandes Universités, où toutes les sciences seront enseignées à tous les hommes. A l'usage des ouvriers et des petits, ils créeront des « Maisons du peuple », où seront centralisés et lus les bons livres, les bonnes revues, les bons journaux. C'est fort bien, et le monde, n'est-ce pas ? sera sauvé.

Je le désire fort, mais j'en doute un peu.

Et, encore ici, c'est le vague qui

m'inquiète, c'est l'indéterminé qui m'effraie.

Cette « Ligue des hommes du Devoir » aura-t-elle une existence uniquement morale, ou bien une vie organique et administrative? Aura-t-elle un centre, et où sera ce centre? Aura-t-elle un chef, et quel sera ce chef? Aura-t-elle des Statuts, et quels seront-ils? Quel sera le lien, le lien béni, qui unira tant de bonnes volontés, tant d'excellents cœurs?

Toutes les religions, nous dit l'auteur du *Devoir présent*, pourront être représentées dans la grande Association du Réveil, et les portes leur en seront respectueusement ouvertes à deux battants. Je le veux bien; mais croyez-vous, de bonne foi, croyez-vous que le catholique, le protestant et le juif consentiront, d'un cœur léger, à solliciter leur entrée dans une Ligue qui se propose de réaliser ici-bas cette paix sociale qu'ils n'auraient pas eu, d'après vous, le mérite de réaliser eux-mêmes? Ne serait-ce pas, à leurs yeux, se décerner réellement un certificat d'impuissance? Et n'y aurait-il pas quelque cruauté à leur demander un tel sacrifice, qui me semble, à vrai dire, au-dessus des forces humaines?

Le Devoir sera la base de votre Ligue, et j'y applaudis; mais y a-t-il là une donnée aussi précise que vous semblez le croire? Je vais droit au vif du problème, et vous demande net : « Votre morale est-elle une morale indépendante, une morale sans Dieu? Ou bien a-t-elle Dieu pour auteur, pour consécrateur, pour sanction? » La question est des plus graves, et voilà sur quoi l'entente sera peut-être difficile à établir.

Je viens de prononcer un mot auguste et qui est plein de choses, le mot « Sanction ». Il faut encore ici nous expliquer sans ambages. Votre Devoir a-t-il, oui ou non, sa sanction dans une autre vie où seront punis ceux qui auront failli à ce devoir, où seront récompensés ceux qui l'auront vaillamment pratiqué ? Vous aurez beau dire et vous aurez beau faire : il y a un abîme, difficilement franchissable, entre ceux qui croient en Dieu et ceux qui le nient ; entre ceux qui espèrent en un *au-delà* et ceux qui croient que l'homme gît tout entier dans la fosse. Je ne vois pas que M. Desjardins ait seulement touché à ces thèses vraiment essentielles, et vous me permettrez de le regretter vivement.

Puis, cette idée d'une « Ligue du Réveil moral » est une idée souverainement délicate, presque aristocratique et d'un accès difficile aux âmes communes. Vous aurez des adhérents, sans doute ; mais vous en aurez peu. Il est vrai que « cinquante hommes convaincus et résolus suffiraient à changer le moral d'un pays ». C'est M. Desjardins qui le dit, et j'y consens. Mais encore faut-il que ces cinquante apôtres soient soutenus, en leur mission, par une idée très nette, comme celle de la Révélation et, je l'ajouterai, par un amour très ardent, comme celui de Dieu. Les Stoïciens, que M. Desjardins admire et qu'il cite volontiers, avaient certes plus d'une idée élevée, et leur morale n'allait pas sans quelque grandeur : ils avaient également parmi eux des hommes convaincus et résolus. Ont-ils sauvé le moral de l'empire romain? Ont-ils sauvé l'empire lui-même? Et que serait devenu le monde sans le Christ et ses apôtres?

Le Christ! M. Desjardins s'incline très sincèrement devant lui, et ce novateur très loyal va jusqu'à dire, en parlant de l'Église, « qu'il n'y a jamais eu de plus grande école de vertu »; mais il s'empresse d'ajouter, et c'est là que nous cessons d'être d'accord : « Notre objet EST PLUS GÉNÉRAL que celui de l'Église. » Je proteste.

Nous nous appelons les Catholiques, c'est-à-dire les « Universels », et il n'est pas d'appellation plus exacte, de nom mieux mérité. Tout ce qu'il y a de vérités éparses dans le monde nous appartient de droit, soit qu'elles dérivent plus ou moins directement de la tradition primitive, mosaïque ou évangélique, soit qu'elles soient d'ordre naturel et se réfèrent aux données de la conscience et de la raison. Ainsi comprise, l'Église catholique forme une Association autrement étendue et autrement profonde que celle de M. Desjardins. C'est la grande Ligue universelle du Vrai et du Bien.

Mais cette Ligue, mais cette Société incomparable qu'on nomme l'Église, a encore une autre supériorité et qu'il importe de mettre vivement en lumière. Ses doctrines n'ont rien de vague, rien de nébuleux, rien d'ondoyant : elles sont la précision même. Depuis l'heure où il bégaie son petit catéchisme sur le cœur de sa mère jusqu'au moment où il peut enfin s'élever aux cimes de la *Somme* de saint Thomas, le catholique sait, de foi certaine, que la Vérité a trois termes, et que ces trois termes sont Dieu, Jésus-Christ, l'Église. Le catholique ne cesse de se dire, en ses affirmations et en ses prières de tous les jours : « Je suis, « parce que Dieu m'a fait. — Je suis « pécheur, mais Dieu m'a sauvé par son « Christ. — Je suis ignorant, mais Dieu « m'instruit par son Église. » Cette Église, elle est immortellement occupée à rédiger ici-bas, en termes lumineux et simples, le Code universel de la Vérité, et je n'ai, moi, qu'à croire humblement à l'enseignement de mon curé, comme mon curé croit à celui de son évêque, comme l'évêque croit à celui du Pape. Je suis assuré, je suis tranquille, je me repose avec délices dans la sérénité de cette incomparable précision. Et, tandis que M. Desjardins s'écrie douloureusement : « Je vis en gravissant, dans une forêt escarpée et obscure, vers le point où « la clarté se devine, mais que les branches importunes de la vie compliquée « et apparente me cachent »; nous, catholiques, nous vivons dans la possession joyeuse de la clarté, et, vive Dieu, loin des nuages.

C'est ce qui explique le triomphe du Christianisme. Le monde, sachez-le bien, ne sera jamais gouverné et sauvé que par des idées précises. Si respectable qu'il soit, le Rêve n'a rien créé et ne créera rien....

Mais je m'aperçois, en terminant, que j'ai perdu de vue les cigognes.

Il y a, dans la légende de ce singulier oiseau, un trait qui est touchant autant qu'imaginaire.

On fait croire aux petits enfants que ce sont les cigognes qui, d'en haut et par le toit sans doute, apportent les nouveaux nés entre les bras de leurs mères et dans le cher berceau dès longtemps préparé.

Je doute que ces hommes de désirs, qu'on appelle les cigognes, favorisent jamais, d'une façon aussi efficace, la fécondité morale de l'espèce humaine.

X

A un « troublé. »

X

A un « troublé. »

Vous m'écrivez une lettre qui est tout effarée et ne me laisse aucun doute sur l'état étrange de votre âme. Vous souffrez d'une maladie qui est commune en ce temps-ci et qui, depuis quelques années surtout, agite les meilleurs entendements. Vous avez le vertige politique, *politica vertigo*. Pour parler plus franc, vous ne savez plus où vous en êtes.

Vous vous réjouissez comme moi de ce magnifique mouvement qui entraîne aujourd'hui tant d'excellents esprits sur le terrain exclusivement catholique; mais vous avez à choisir entre tant d'écoles diverses qui vous sollicitent avec la même insistance et la même honnêteté, que vous en perdez décidément la tramontane et que vous tombez en je ne sais quel désespoir qui fait peine à voir.

Que de groupes, juste ciel, que de groupes ! Et où est le bon ?

Votre indécision m'attriste, et j'estime pourtant qu'il vous serait aisé de faire un bon choix.

Entrez dans celui de ces groupes qui est le plus manifestement approuvé par l'Église, ou plutôt encore, soyez uniquement de ce groupe immortel et divin qui s'appelle l'Église catholique, apostolique, romaine.

Ne vous attardez pas en des hésitations stériles, en des Hélas ! sans excuses. Mettez la main à l'œuvre, travaillez, agissez, parlez, luttez, allez.

Mais...

Ce « mais » vous fait passer un froid dans l'âme, et vous voilà de nouveau atterré. En quelques mots je vais vous revigourer.

Eh bien! je dis et redirai sans cesse qu'on ne sauvera pas la société à coups de groupes et de partis, si excellents, si honnêtes qu'ils soient.

Nous avons la manie de croire que, pour réformer le monde, il faut commencer par les institutions et finir par les mœurs. C'est le contraire, c'est absolument le contraire qui est le vrai. Pensez-y bien.

Les institutions chrétiennes, sachez-le, ne sont jamais sorties et ne sauraient sortir que d'un milieu chrétien. Et un milieu chrétien ne s'est jamais formé et ne saurait se former qu'avec un certain nombre de belles âmes INDIVIDUELLEMENT CHRÉTIENNES.

D'où je conclus que le meilleur mode de servir l'Église serait peut-être de fonder moins de comités et de devenir PERSONNELLEMENT meilleurs, plus évangéliques, plus mortifiés, plus charitables, plus chrétiens. Qu'en dites-vous?

Il est fort beau sans doute de songer aux élections prochaines; mais il serait meilleur encore de posséder un plus grand nombre d'électeurs qui ressembleraient de plus près aux premiers chrétiens, qui donneraient aux pauvres la dîme et plus que la dîme de leurs biens, qui escaladeraient toutes les mansardes, qui dénicheraient toutes les misères, qui panseraient toutes les plaies, qui se montreraient fous de charité, et, — pour lâcher le grand mot qui va peut-être vous scandaliser, — qui seraient des Saints.

De ces chrétiens, nous en avons sans doute ; mais il nous en faut cent fois plus, et qui soient plus chrétiens encore et plus saints.

Le Saint ! Vous faites-vous une juste idée de l'enthousiasme qu'il provoque et des transformations inespérées qu'il opère soudain chez les peuples comme chez les hommes? Ah ! si nous avions seulement un Saint, un vrai Saint, dans chacun de nos départements, je vous jure, mon ami, que les élections ne seraient plus les mêmes, et que la question sociale se détendrait.

Je vous entends d'ici, et vous me dites, avec une mélancolie narquoise, qu'il n'y a pas en vous l'étoffe d'un Saint. Je veux bien le croire ; mais à coup sûr, il y a l'étoffe d'un chrétien, d'un homme d'œuvres, d'un ami des pauvres. Développez en vous ces éléments divins.

Sans déserter aucun champ de bataille, et sans renoncer un seul instant à aucune forme légitime de l'activité la plus militante, jetez-vous à corps perdu dans les œuvres de miséricorde. Soyez bon, sacrifiez-vous, aimez, et, à vous seul, vous ferez plus que tout un groupe.

C'est à ce prix, mais à ce prix seulement, que vous êtes assuré de la victoire.

TABLE DES MATIÈRES

RENNES, ALPH. LE ROY

Imprimeur breveté.

Rennes, Alph. Le Roy, imprimeur breveté.

www.ingramcontent.com/pod-product-compliance
Ingram Content Group UK Ltd.
Pitfield, Milton Keynes, MK11 3LW, UK
UKHW012035240726
13965UKWH00003B/796